HERRAMIENTAS PARA TRADERS

INDICE

Contenido

AGRADECIMIENTO 5

PROLOGO 7

INTRODUCCION 10

CAPITULO 1 16

¿Qué es el trading? 16

CAPITULO 2 20

Conceptos Básicos del Trading 20

CAPITULO 3 26

Herramientas de Análisis Técnico 26

CAPITULO 4 34

Herramientas de Análisis Fundamental 34

CAPITULO 5 40

Plataformas y Software de Trading 40

CAPITULO 6 47

Gestor de Riesgo: Protegiendo tu Capital
.... 47

Estrategias de Trading Efectivas 53

CAPITULO 8 62
Herramientas para la Psicología del Trader 62
CAPITULO 9 72
Trading Moderno: Innovación y Tecnología..72
CAPITULO 10 79
Cómo Elegir y Crear tus Herramientas .79
CAPITULO 11 85
Estudios de Casos y Ejemplos Reales...85
CAPITULO 12 91
Conclusión: Tu Camino como Trader...91
CAPITULO 13 96
Cotizaciones y Análisis de Mercados ...96
CAPITULO 14 107
Estrategias y Educación 107
CAPITULO 15 114
Calendarios Económicos.....................114
CAPITULO 16 119

Comparadores y Reseñas de Brokers..119

CAPITULO 17......................................126

Foros y Comunidades 126

CAPITULO 18......................................139

Información General y Noticias...........139

APENDICES..148

AGRADECIMIENTO

Quiero expresarte mi más sincero agradecimiento por adquirir este libro y por tomarte el tiempo de explorar sus páginas. Tu decisión de invertir en tu educación como trader demuestra tu compromiso con el aprendizaje, la mejora continua y tu deseo de alcanzar el éxito en los mercados financieros.

Espero que las herramientas, estrategias y recursos compartidos aquí se conviertan en parte esencial de tu viaje como trader. Mi objetivo ha sido brindarte un contenido práctico y enriquecedor que no solo te ayude a operar con mayor confianza, sino que también te inspire a seguir aprendiendo y explorando nuevas oportunidades.

El trading es un camino lleno de desafíos, pero también de grandes recompensas. Recuerda siempre que el conocimiento, la disciplina y la perseverancia son tus mejores aliados. Este libro es solo un punto de partida; el resto de tu éxito dependerá de tu dedicación y pasión por este fascinante mundo.

Gracias por permitirme ser parte de tu desarrollo como trader. Si este libro te ha ayudado en algo, sería un honor que compartieras tu experiencia con otros. Y si en algún momento necesitas inspiración o una guía adicional, siempre estaré motivado para seguir aportando valor a esta increíble comunidad de traders.

PROLOGO

En el vasto y desafiante universo de los mercados bursátiles, el éxito no es una cuestión de suerte, sino de preparación, disciplina y, sobre todo, de contar con las herramientas adecuadas. En un mundo donde cada segundo cuenta y las decisiones deben tomarse con precisión quirúrgica, la diferencia entre un trader exitoso y uno que fracasa radica en su capacidad para analizar, adaptarse y ejecutar estrategias de manera efectiva.

"Herramientas para Traders" no es solo un libro, es una guía práctica y concisa diseñada para servir como un recurso indispensable para traders de todos los niveles. Ya sea que estés dando tus primeros pasos en el fascinante mundo del trading o que seas un profesional con experiencia, encontrarás aquí una recopilación de conocimientos, metodologías y herramientas tecnológicas que te ayudarán a enfrentar los mercados con mayor confianza y solidez.

El trading es una profesión que exige un aprendizaje constante. Los mercados evolucionan, las tendencias cambian y las tecnologías transforman la manera en que operamos. Por ello, este libro aborda no solo las herramientas clásicas, como los análisis técnicos y fundamentales, sino también las innovaciones que están redefiniendo el trading moderno, como las plataformas algorítmicas, el manejo del riesgo automatizado y las soluciones basadas en inteligencia artificial.

Cada capítulo está pensado para ofrecerte información práctica, ejemplos reales y estrategias que podrás aplicar directamente en tus operaciones. Encontrarás respuestas a preguntas clave: ¿Qué herramientas debo usar para analizar tendencias? ¿Cómo puedo optimizar mis entradas y salidas? ¿Cuáles son las mejores formas de gestionar mi capital y reducir el riesgo? Más allá de teorías complejas, este libro busca brindarte claridad en un entorno que, a menudo, parece caótico y abrumador.

Como traders, todos compartimos el mismo objetivo: lograr la consistencia y la rentabilidad. Pero el camino hacia el éxito está plagado de retos, emociones y decisiones críticas. Con *"Herramientas para Traders"*, estarás mejor preparado para enfrentarlos, equipado con los conocimientos y recursos que verdaderamente marcan la diferencia en los mercados.

Este libro es un homenaje a todos aquellos que han decidido adentrarse en la aventura del trading, a los que buscan transformar la volatilidad del mercado en oportunidades y a los que, con esfuerzo y perseverancia, convierten sus sueños financieros en realidad.

INTRODUCCION

El objetivo principal de este libro es ayudarte a dominar los aspectos clave del trading, desde los conceptos básicos hasta las estrategias avanzadas y las herramientas modernas que los traders utilizan hoy en día.

¿A quién está dirigido este libro?

Este libro es para ti si:

Eres principiante y deseas comprender los fundamentos del trading paso a paso.

Ya tienes experiencia, pero quieres profundizar en herramientas avanzadas de análisis técnico y fundamental.

Buscas mejorar tu disciplina y psicología como trader para operar de forma consistente.

Deseas explorar cómo la tecnología y la innovación están revolucionando el trading actual.

No importa tu nivel, este libro está estructurado para ofrecerte valor práctico y directo en cada capítulo.

Lo que aprenderás en este libro

1. Los fundamentos del trading

Comenzaremos con una Introducción al Trading y los Conceptos Básicos que necesitas dominar: cómo funcionan los mercados, tipos de activos financieros y las principales estrategias.

2. Herramientas de análisis: Técnicas y fundamentales

Explorarás las Herramientas de Análisis Técnico y Análisis Fundamental, esenciales para identificar oportunidades, tomar decisiones informadas y evaluar el comportamiento del mercado.

3. Plataformas y software especializados

En el capítulo de Plataformas y Software de Trading, conocerás las herramientas tecnológicas más utilizadas para operar de manera eficiente y profesional.

4. Gestión de riesgos y psicología del trading

El éxito en el trading no depende solo del análisis, sino también de proteger tu capital y desarrollar la mentalidad adecuada. En los capítulos Gestor de Riesgo: Protegiendo tu Capital y Herramientas para la Psicología del Trader, aprenderás a controlar las pérdidas y mantener la disciplina.

5. Estrategias prácticas y ejemplos reales

Descubrirás Estrategias de Trading Efectivas y cómo aplicarlas, respaldadas por Estudios de Caso y Ejemplos Reales que te mostrarán cómo operan los traders exitosos en situaciones del mundo real.

6. Innovación y recursos complementarios

El trading evoluciona constantemente, y el capítulo Trading Moderno: Innovación y Tecnología te introducirá a las tendencias más recientes, como el trading algorítmico, las herramientas automatizadas y el impacto de la inteligencia artificial. Además, tendrás acceso a recursos como:

Comparadores y Reseñas de Brokers para elegir la plataforma que mejor se adapte a ti.

Foros y Comunidades, donde podrás interactuar y aprender de otros traders.

Información General y Noticias, con las mejores fuentes para mantenerte actualizado.

7. Recursos adicionales

Para cerrar, este libro incluye Apéndices con herramientas prácticas como:

Glosario de términos financieros, para resolver cualquier duda.

Recursos recomendados: libros, plataformas y blogs para seguir aprendiendo.

Plantillas para tu plan de trading, que te ayudarán a organizar y ejecutar tus operaciones de manera disciplinada.

El propósito de este libro

El trading no es una carrera de velocidad, sino una maratón que requiere preparación, paciencia y una mejora constante. Con esta guía, no solo obtendrás conocimientos técnicos y herramientas, sino que también desarrollarás la mentalidad adecuada para operar con consistencia y confianza.

Cada capítulo ha sido diseñado con un enfoque práctico, combinando teoría, ejemplos y recursos útiles que podrás aplicar de inmediato en tus operaciones. Además, encontrarás consejos, estrategias y referencias que te ayudarán a crear tu propio camino como trader.

Comienza tu camino ahora

No importa si tu objetivo es generar ingresos extra, convertirte en un trader a tiempo completo o mejorar tus habilidades actuales, este libro te dará la base sólida y los recursos necesarios para lograrlo.

Recuerda: el éxito en el trading no depende de la suerte, sino del conocimiento, la disciplina y el uso adecuado de las herramientas. Estás a punto de dar un paso importante en tu desarrollo como trader. Aprovecha esta guía, adáptala a tus necesidades y conviértete en el trader que siempre has querido ser

CAPITULO 1

¿Qué es el trading?

El *trading* es la compra y venta de activos financieros en los mercados con el objetivo de obtener un beneficio. A diferencia de la inversión tradicional, que suele centrarse en el largo plazo, el trading implica decisiones más rápidas y a menudo a corto plazo, aprovechando la volatilidad y las fluctuaciones de precios. Los activos más comunes en el trading incluyen acciones, índices, divisas (Forex), materias primas y criptomonedas.

El trading puede realizarse de forma manual, donde el trader toma las decisiones por sí mismo, o automática, utilizando algoritmos y software específico que ejecuta operaciones según reglas predefinidas.

Tipos de mercados financieros

Existen diferentes mercados financieros en los cuales un trader puede operar, y cada uno tiene sus particularidades:

Mercado de Acciones:

En este mercado se compran y venden participaciones (acciones) de empresas públicas. Ejemplo: NYSE, NASDAQ.

Mercado de Divisas (Forex):

Es el mercado más grande y líquido del mundo, donde se intercambian divisas (EUR/USD, USD/JPY, etc.). Funciona 24 horas al día.

Mercado de Futuros y Derivados:

Se negocian contratos especulativos basados en activos subyacentes (materias primas, índices, etc.) que permiten apalancamiento.

Mercado de Criptomonedas:

Un mercado en expansión donde se intercambian criptomonedas como Bitcoin, Ethereum, entre otras.

Mercado de Índices:

Permite operar con el rendimiento global de grupos de acciones, como el S&P 500 o el Dow Jones.

Mercado de Materias Primas:

Involucra la compraventa de productos como petróleo, oro, plata y productos agrícolas.

Cada mercado ofrece oportunidades y riesgos, por lo que es importante elegir aquel que mejor se adapte a tu perfil y conocimiento.

Perfil del trader moderno

El trader moderno es una figura que ha evolucionado con el tiempo, gracias a la tecnología y la globalización de los mercados financieros. Algunas de sus características más importantes son:

Tecnológico: Utiliza plataformas avanzadas, herramientas de análisis y automatización para optimizar su operativa.

Analítico: Domina tanto el análisis técnico (indicadores y gráficos) como el análisis fundamental (noticias y eventos).

Disciplinado: Sigue un plan de trading definido y gestiona el riesgo de forma rigurosa.

Flexible y adaptativo: Puede operar en distintos mercados y ajustarse rápidamente a las condiciones cambiantes.

Autodidacta y en constante aprendizaje: La educación continua es clave para adaptarse a nuevas tendencias y tecnologías.

Importancia de las herramientas adecuadas

Las herramientas son el cimiento sobre el cual un trader construye su estrategia y toma decisiones. Contar con las herramientas adecuadas puede marcar la diferencia entre el éxito y el fracaso.

CAPITULO 2

Conceptos Básicos del Trading

Análisis Técnico vs. Análisis Fundamental

El trading se fundamenta en dos enfoques principales de análisis: el análisis técnico y el análisis fundamental. Ambos son herramientas indispensables, pero tienen enfoques y objetivos diferentes.

Análisis Técnico: Se basa en el estudio de los movimientos pasados del precio a través de gráficos y patrones. Los traders que emplean este tipo de análisis creen que toda la información relevante ya está reflejada en el precio. Entre las herramientas más comunes utilizadas en el análisis técnico se incluyen:

Indicadores técnicos como medias móviles, RSI y MACD.

Patrones de gráficos como triángulos, cabezas y hombros, y dobles suelos.

Líneas de soporte y resistencia.

Análisis de velas japonesas.

El análisis técnico es especialmente útil para el trading a corto plazo y para identificar oportunidades de entrada y salida.

Análisis Fundamental: Este enfoque examina los factores económicos, financieros y políticos que pueden influir en el precio de un activo. Los traders que utilizan el análisis fundamental buscan determinar el valor intrínseco de un activo y compararlo con su precio actual. Algunos elementos clave del análisis fundamental incluyen:

Datos macroeconómicos como el PIB, las tasas de interés y el desempleo.

Resultados financieros y reportes de empresas.

Noticias y eventos globales que puedan impactar los mercados.

Políticas de los bancos centrales.

Mientras que el análisis técnico se enfoca en el "cuándo", el análisis fundamental se centra en el "por qué" del movimiento del precio. Combinarlos puede proporcionar una perspectiva integral para la toma de decisiones.

La Psicología del Trader

La psicología del trader es uno de los aspectos más subestimados pero cruciales para el éxito en el trading. Aunque la formación técnica y el conocimiento del mercado son esenciales, es la capacidad de gestionar las emociones lo que separa a los traders exitosos de los que fracasan.

Principales Emociones en el Trading:

Miedo: Puede llevar a cerrar posiciones demasiado pronto o evitar tomar decisiones importantes.

Avaricia: Impulsa a mantener posiciones abiertas más tiempo del necesario, esperando ganancias mayores.

Impaciencia: Conduce a operar de manera impulsiva, sin esperar confirmaciones de la estrategia.

Exceso de confianza: Puede generar sobreoperación o ignorar riesgos claros.

Consejos para Gestionar la Psicología del Trader:

Planificar: Tener una estrategia clara con puntos de entrada, salida y gestión del riesgo.

Disciplina: Seguir la estrategia sin desviaciones emocionales.

Gestión del Riesgo: Nunca arriesgar más del 1-2% del capital por operación.

Aprender de los errores: Mantener un diario de trading para analizar decisiones y mejorar.

Pausas: Tomar descansos cuando las emociones sean abrumadoras.

La estabilidad emocional es clave para mantener una mentalidad clara y tomar decisiones racionales bajo presión.

Principales Errores que Debes Evitar

El camino del trading está lleno de obstáculos, pero reconocer y evitar los errores comunes puede marcar la diferencia entre el éxito y el fracaso.

Errores Comunes:

No tener un plan: Operar sin una estrategia clara lleva a decisiones impulsivas.

Sobreoperar: Abrir demasiadas posiciones puede saturar tu capital y tus recursos mentales.

No gestionar el riesgo: Operar sin establecer Stop Loss o arriesgar demasiado capital en una sola operación.

Ignorar la psicología: Dejarse llevar por las emociones suele resultar en pérdidas significativas.

No adaptarse al mercado: El mercado es dinámico y requiere flexibilidad para ajustar estrategias.

Falta de formación: Entrar al mercado sin conocimientos adecuados puede ser catastrófico.

Confiar exclusivamente en "señales": Depender de terceros para tomar decisiones limita tu aprendizaje y autonomía.

Cómo Evitar Estos Errores:

Formación: Dedicar tiempo al estudio de los mercados y las herramientas disponibles.

Práctica: Operar en cuentas demo antes de arriesgar capital real.

Disciplina: Seguir siempre el plan y evitar desviaciones emocionales.

Revisión constante: Analizar tus resultados y ajustar las estrategias cuando sea necesario.

Evitar estos errores no garantiza el éxito, pero aumenta significativamente tus posibilidades de lograrlo. La clave está en aprender continuamente y mantener una mentalidad abierta.

CAPITULO 3

Herramientas de Análisis Técnico

Indicadores Básicos: Medias Móviles, RSI, MACD, etc.

Los indicadores técnicos son herramientas matemáticas que ayudan a interpretar el movimiento de los precios y proporcionan señales sobre posibles cambios en las tendencias del mercado. Algunos de los indicadores básicos más utilizados incluyen:

Medias Móviles (MA):

Propósito: Suavizan las fluctuaciones de los precios para identificar tendencias.

Tipos:

Media Móvil Simple (SMA): Promedio de los precios en un periodo determinado.

Media Móvil Exponencial (EMA): Da mayor peso a los precios recientes.

Uso: Identificar soportes, resistencias y señales de cruce (cruce dorado y cruce de la muerte).

Índice de Fuerza Relativa (RSI):

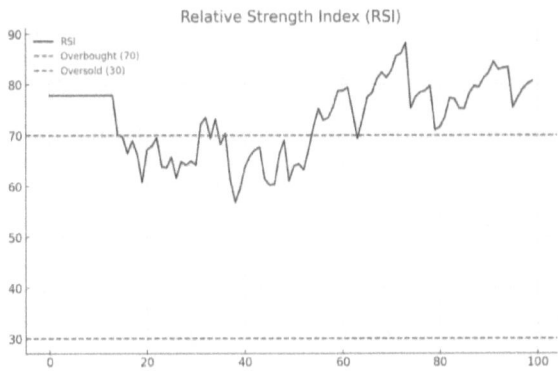

Propósito: Mide la fuerza del movimiento del precio en relación con sus ganancias y pérdidas recientes.

Escala: Oscila entre 0 y 100.

Señales:

Sobrecompra (>70): Indica que el activo podría estar sobrevalorado.

Sobreventa (<30): Sugiere que el activo podría estar infravalorado.

Convergencia/Divergencia de Medias Móviles (MACD):

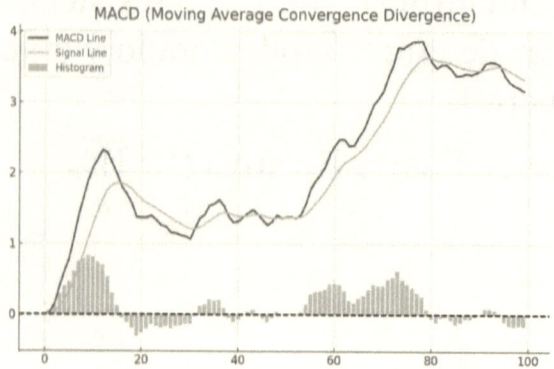

Componentes:

Línea MACD: Diferencia entre dos EMAs (generalmente de 12 y 26 periodos).

Línea de Señal: EMA de la línea MACD (9 periodos).

Histograma: Diferencia entre la línea MACD y la línea de señal.

Uso: Identificar cambios en el momentum, cruce de líneas y divergencias.

Estos indicadores forman la base de muchas estrategias y son esenciales para cualquier trader que desee interpretar correctamente los movimientos del mercado.

Uso de Gráficos y Patrones de Velas Japonesas

Los gráficos son representaciones visuales del movimiento del precio a lo largo del tiempo. Entre los tipos de gráficos más comunes se encuentran:

Gráfico de Velas Japonesas:

Componentes:

Cuerpo: Representa la diferencia entre el precio de apertura y cierre.

Mechas (sombras): Indican los máximos y mínimos del periodo.

Color: Generalmente verde (alza) o rojo (baja).

Patrones Comunes de Velas Japonesas:

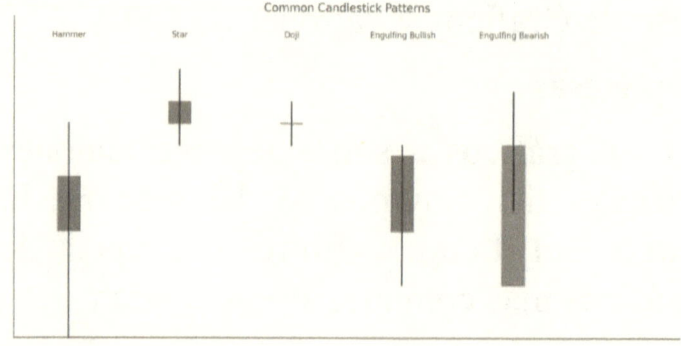

Martillo (Hammer):

Indica un posible cambio de tendencia alcista.

Característica: Mecha larga inferior y cuerpo pequeño en la parte superior.

Estrella Fugaz (Star):

Señal de reversión bajista.

Característica: Mecha larga superior y cuerpo pequeño en la parte inferior.

Doji:

Representa indecisión en el mercado.

Característica: Apertura y cierre casi iguales.

Engulfing (Envolvente):

Patrón alcista: Una vela verde envuelve completamente una roja previa.

Patrón bajista: Una vela roja envuelve completamente una verde previa.

Los patrones de velas proporcionan información valiosa sobre la psicología del mercado y son útiles para anticipar cambios en las tendencias.

Herramientas Avanzadas: Fibonacci, Ondas de Elliott

Retracciones de Fibonacci:

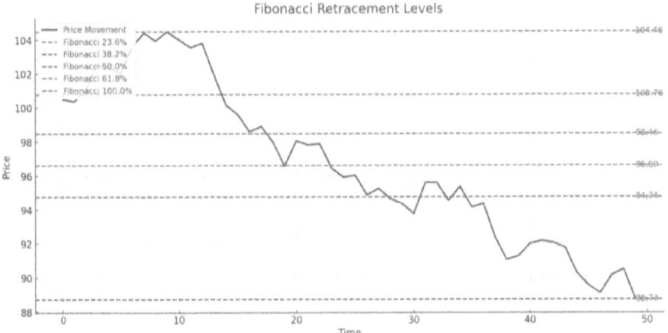

Concepto: Basadas en los números de Fibonacci, estas herramientas ayudan a identificar niveles potenciales de soporte y resistencia.

Niveles Clave:

23.6%, 38.2%, 50%, 61.8%, 100%.

Uso:

Dibujar las retracciones desde el mínimo al máximo de un movimiento.

Observar retrocesos que puedan actuar como puntos de entrada o salida.

Ondas de Elliott:

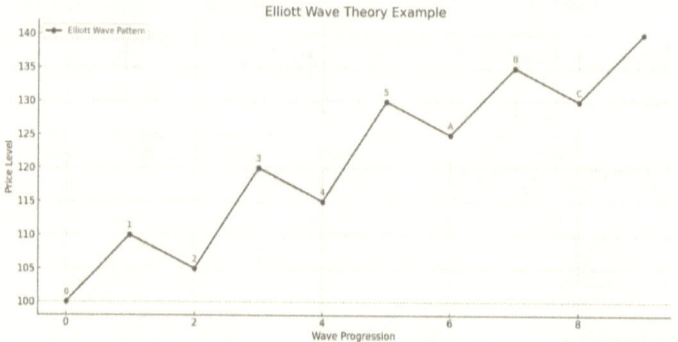

Concepto: Teoría que sugiere que los mercados se mueven en patrones repetitivos llamados ondas.

Tipos de Ondas:

Ondas impulsivas: Mueven el mercado en la dirección de la tendencia principal.

Ondas correctivas: Contrarias a la tendencia principal.

Reglas Básicas:

La onda 2 nunca retrocede más del 100% de la onda 1.

La onda 3 no puede ser la más corta entre las ondas impulsivas.

La onda 4 no se solapa con la onda 1.

Aplicación: Ayuda a predecir el movimiento futuro del precio y a identificar ciclos del mercado.

Estas herramientas avanzadas requieren un mayor nivel de comprensión, pero proporcionan una ventaja competitiva para traders experimentados al identificar patrones más complejos y establecer estrategias de trading más precisas.

CAPITULO 4

Herramientas de Análisis Fundamental

Lectura e Interpretación de Noticias Financieras

Las noticias financieras son una fuente crucial de información para los traders que utilizan el análisis fundamental. Estas noticias pueden impactar significativamente los mercados, especialmente cuando se trata de eventos inesperados o datos clave relacionados con economías, industrias o empresas.

Tipos de Noticias Financieras Relevantes:

Políticas monetarias: Decisiones de los bancos centrales sobre tasas de interés.

Reportes corporativos: Resultados trimestrales y anuales de las empresas.

Conflictos geopolíticos: Guerras, sanciones económicas o tensiones entre países.

Cambios en las regulaciones: Impacto en industrias específicas.

Cómo Interpretar las Noticias Financieras:

Distinguir hechos de opiniones: Enfócate en los datos concretos y evita tomar decisiones basadas en interpretaciones subjetivas.

Analizar el impacto esperado: Considera cómo la noticia podría afectar el mercado específico o el sector involucrado.

Relacionar con contextos pasados: Examina cómo eventos similares han influido en el mercado anteriormente.

Confirmar con otras fuentes: Utiliza múltiples medios para corroborar la información.

Ejemplo: Una subida inesperada de tasas de interés por parte de la Reserva Federal podría fortalecer al dólar estadounidense pero debilitar los mercados bursátiles debido a mayores costos de financiamiento.

Impacto de los Informes Económicos y Eventos Globales

Los informes económicos y eventos globales son catalizadores importantes que pueden generar volatilidad en los mercados financieros. Conocer los más relevantes y entender su impacto es esencial para los traders fundamentales.

Principales Informes Económicos:

PIB (Producto Interno Bruto):

Refleja el crecimiento económico de un país.

Un PIB superior al esperado generalmente impulsa la moneda local y los mercados.

Datos de empleo (NFP, tasa de desempleo):

Indicador de la salud del mercado laboral.

Un informe positivo puede fortalecer las expectativas de crecimiento económico.

Índices de precios (CPI, PPI):

Miden la inflación y los costos de producción.

Una inflación elevada podría llevar a los bancos centrales a subir tasas de interés.

Balances comerciales:

La diferencia entre exportaciones e importaciones.

Un superávit puede fortalecer la moneda local.

Impacto de los Eventos Globales:

Conflictos armados: Generan incertidumbre y pueden debilitar los activos de riesgo.

Catástrofes naturales: Pueden alterar cadenas de suministro y afectar industrias clave.

Acuerdos internacionales: Tratados comerciales o sanciones pueden reconfigurar economías enteras.

Ejemplo: La pandemia de COVID-19 afectó gravemente las economías globales, impulsando activos refugio como el oro y generando caídas drásticas en los mercados bursátiles.

Uso del Calendario Económico

El calendario económico es una herramienta indispensable para los traders fundamentales. Este recurso proporciona una lista de eventos programados que podrían afectar los mercados financieros.

Elementos Clave del Calendario Económico:

Fecha y hora: Cuándo se publicará el informe o sucederá el evento.

País: Localización geográfica del dato.

Tipo de informe: Indicador específico (PIB, empleo, inflación, etc.).

Previsión: Valor esperado por los analistas.

Valor previo: Dato publicado en el periodo anterior.

Cómo Utilizar el Calendario Económico:

Planificar operaciones: Identificar eventos que puedan generar alta volatilidad.

Evitar riesgos innecesarios: Considerar cerrar posiciones antes de eventos significativos.

Confirmar tendencias: Verificar si los datos publicados respaldan tus análisis.

Estar al día: Elegir plataformas que actualicen los datos en tiempo real.

Ejemplo: Si el calendario económico muestra que se anunciará el IPC de EE. UU. con una previsión superior al 2%, los traders pueden anticipar un impacto positivo en el dólar si el dato cumple o supera la expectativa.

El análisis fundamental no solo se basa en los datos, sino también en cómo interpretar y reaccionar ante ellos. Una combinación efectiva de lectura de noticias, comprensión de informes económicos y uso del calendario económico puede mejorar significativamente tus decisiones de trading.

CAPITULO 5

Plataformas y Software de Trading

MetaTrader 4/5 y Otras Plataformas Populares

Las plataformas de trading son herramientas esenciales para los traders, ya que permiten analizar mercados, ejecutar operaciones y gestionar riesgos de manera eficiente. Entre las más utilizadas se encuentran MetaTrader 4 y MetaTrader 5, aunque también existen otras opciones relevantes.

MetaTrader 4 (MT4):

Popularidad: Especialmente popular entre los traders minoristas.

Características clave:

Amplia gama de indicadores técnicos.

Capacidad de utilizar Asesores Expertos (EAs) para trading automatizado.

Gráficos personalizables y análisis avanzado.

Adecuado para trading en Forex y CFDs.

Ventajas:

Interfaz intuitiva y amigable.

Compatible con múltiples dispositivos.

Desventaja:

Menor soporte para trading en mercados centralizados como acciones.

MetaTrader 5 (MT5):

Evolución de MT4: Diseñado para ser más versátil.

Características adicionales:

Profundidad de mercado (DOM).

Múltiples tipos de órdenes pendientes.

Mayor cantidad de marcos temporales e indicadores integrados.

Compatible con acciones, futuros y opciones además de Forex y CFDs.

Ventajas:

Más potente y moderno.

Mejoras en el lenguaje de programación (MQL5).

Otras Plataformas Populares:

TradingView:

Plataforma basada en la web.

Amplia comunidad de traders que comparten análisis.

Potentes herramientas gráficas.

cTrader:

Enfocada en la transparencia del mercado.

Popular entre traders que buscan spreads ajustados y acceso directo al mercado (DMA).

NinjaTrader:

Ideal para traders de futuros y acciones.

Herramientas avanzadas de backtesting y simulación.

Interactive Brokers:

Plataforma profesional con acceso a una amplia variedad de mercados.

Adecuada para traders institucionales y avanzados.

Herramientas de Backtesting y Simulación

El backtesting y la simulación son procesos fundamentales para evaluar estrategias antes de implementarlas en un entorno real. Estas herramientas permiten probar ideas utilizando datos históricos o simulando escenarios futuros.

Backtesting:

Definición: Proceso de probar una estrategia de trading utilizando datos pasados para evaluar su rendimiento.

Herramientas comunes:

MetaTrader 4/5: Incluye un probador de estrategias integrado.

NinjaTrader: Ofrece backtesting avanzado con datos históricos precisos.

Amibroker y QuantConnect: Soluciones personalizables para traders algorítmicos.

Aspectos clave:

Utilizar datos históricos confiables.

Configurar correctamente los costos de transacción y el deslizamiento.

Evitar el sobreajuste (overfitting) al optimizar estrategias.

Simulación:

Definición: Proceso de operar en un entorno virtual en tiempo real para probar estrategias sin arriesgar capital.

Plataformas populares:

MetaTrader: Permite ejecutar estrategias simuladas con precios en vivo.

Trading simulators: Herramientas como Forex Tester y NinjaTrader.

Beneficios:

Evaluar estrategias en condiciones similares a las del mercado real.

Perfeccionar habilidades sin riesgos financieros.

Ejemplo: Un trader que desarrolla una estrategia basada en rupturas puede utilizar backtesting para verificar su rentabilidad en datos históricos y simulación para ajustarla en un entorno de mercado en vivo.

Introducción al Trading Algorítmico

(Recomiendo mi libro Trading Algorítmico)

El trading algorítmico utiliza programas informáticos para ejecutar operaciones basadas en reglas predefinidas. Este enfoque es cada vez más popular debido a su capacidad de eliminar el factor emocional y operar de manera eficiente.

Componentes Clave del Trading Algorítmico:

Estrategias automatizadas:

Basadas en indicadores técnicos, patrones o modelos estadísticos.

Lenguajes de programación:

MQL4/MQL5 para MetaTrader.

Python y R para plataformas más avanzadas como QuantConnect.

API de trading:

Permiten conectar programas personalizados con las plataformas de trading.

Ventajas:

Velocidad: Ejecución rápida de órdenes.

Precisión: Reduce errores humanos.

Backtesting: Fácil de evaluar en datos históricos.

Desventajas:

Dependencia tecnológica: Requiere infraestructura confiable.

Complejidad: Diseñar estrategias efectivas puede ser desafiante.

Ejemplo de Aplicación: Un trader diseña un algoritmo que identifica cruces de medias móviles en MetaTrader 5. El sistema ejecuta automáticamente compras cuando la media rápida cruza por encima de la lenta y ventas cuando ocurre lo contrario.

El trading algorítmico representa el futuro de los mercados financieros, permitiendo a los traders escalar estrategias y operar en mercados globales de manera efectiva.

CAPITULO 6

Gestor de Riesgo: Protegiendo tu Capital

Stop Loss, Take Profit y Trailing Stop

La gestión del riesgo es uno de los pilares fundamentales del trading. Estas herramientas permiten proteger el capital, maximizar ganancias y limitar pérdidas.

Stop Loss (SL):

Definición: Es una orden que cierra una posición de forma automática cuando el precio alcanza un nivel predefinido de pérdida.

Beneficios:

Limita las pérdidas en una operación.

Evita que el trader tome decisiones emocionales.

Ejemplo: Si compras un activo a 100 y configuras un SL en 95, tu pérdida máxima será de 5 unidades si el precio baja a ese nivel.

Take Profit (TP):

Definición: Es una orden que cierra una posición de forma automática cuando el precio alcanza un nivel predefinido de ganancia.

Beneficios:

Asegura ganancias sin necesidad de monitorear constantemente.

Protege contra retrocesos en el mercado.

Ejemplo: Si compras un activo a 100 y configuras un TP en 110, tu posición se cerrará cuando el precio alcance las 110 unidades.

Trailing Stop:

Definición: Es un stop loss dinámico que sigue al precio cuando este se mueve a favor del trader, pero permanece fijo si el precio se mueve en su contra.

Beneficios:

Combina protección contra pérdidas y oportunidad de maximizar ganancias.

Ejemplo: Si configuras un trailing stop de 5 unidades, este seguirá al precio a medida que suba, pero cerrará la posición si el precio retrocede más de 5 unidades desde el máximo alcanzado.

Cálculo del Riesgo-Recompensa

El ratio de riesgo-recompensa es una herramienta clave para evaluar la viabilidad de una operación.

Cómo Calcular el Ratio Riesgo-Recompensa (R/R):

Fórmula:
$$R/R = \frac{Potencial\ de\ Ganancia}{Riesgo\ Potencial}$$

Ejemplo: Si arriesgas 50 unidades (diferencia entre tu precio de entrada y tu stop loss) para ganar 150 unidades (diferencia entre tu precio de entrada y tu take profit), el ratio es 150/50 = 3:1.

Interpretación del Ratio:

Un ratio 3:1 significa que por cada unidad que arriesgas, podrías ganar tres.

Es recomendable buscar ratios de al menos 2:1 para asegurar una relación favorable entre riesgo y recompensa.

Beneficios del Cálculo del Riesgo-Recompensa:

Disciplina: Ayuda a seleccionar operaciones con mayor potencial de éxito.

Gestín de expectativas: Reduce el impacto de pérdidas inevitables.

Consistencia: Con ratios positivos, incluso un trader con bajo porcentaje de aciertos puede ser rentable.

Diversificación y Tamaño de las Posiciones

La diversificación y el control del tamaño de las posiciones son estrategias esenciales para minimizar riesgos y proteger el capital.

Diversificación:

Definición: Consiste en distribuir el capital entre diferentes instrumentos o mercados para reducir la exposición a riesgos específicos.

Beneficios:

Mitiga el impacto de eventos adversos en un activo o sector.

Estabiliza los rendimientos generales de la cartera.

Ejemplo: Si solo operas en Forex, podrías diversificar invirtiendo también en acciones, commodities o índices.

Tamaño de las Posiciones:

Cómo Determinar el Tamaño:

Calcula el porcentaje del capital total que estás dispuesto a arriesgar (por ejemplo, 1-2%).

Divide esa cantidad entre el riesgo por operación (diferencia entre el precio de entrada y el stop loss).

Ajusta el tamaño de la posición según el apalancamiento y el mercado.

Ejemplo: Si tienes un capital de 10,000 unidades y decides arriesgar el 1% (100 unidades) por operación, y el riesgo por unidad es de 10 unidades, puedes abrir una posición de 10 lotes.

Errores Comunes:

Sobreexponerse: Abrir posiciones demasiado grandes que puedan generar pérdidas significativas.

Falta de diversificación: Concentrarse en un solo activo o sector.

Ignorar correlaciones: Operar activos altamente correlacionados puede aumentar el riesgo.

Consejos Prácticos:

Diversifica entre diferentes tipos de activos y sectores.

Ajusta el tamaño de tus posiciones según la volatilidad del mercado.

Revisa regularmente tu exposición y ajusta según las condiciones del mercado.

La combinación de estas estrategias con una gestión disciplinada del riesgo te permitirá operar de manera consistente y proteger tu capital incluso en los mercados más volátiles.

CAPITULO 7

Estrategias de Trading Efectivas

Estrategias a Corto Plazo: Scalping y Day Trading

Las estrategias a corto plazo están diseñadas para aprovechar movimientos rápidos del mercado. Son ideales para traders que buscan resultados inmediatos y tienen tiempo para monitorear constantemente las operaciones.

Scalping:

Definición: Estrategia que consiste en realizar múltiples operaciones en el día, buscando pequeñas ganancias en cada una.

Características:

Operaciones de corta duración (segundos o minutos).

Alta frecuencia de transacciones.

Requiere spreads bajos y alta liquidez.

Ventajas:

Minimiza la exposición al riesgo.

Aumenta las oportunidades de ganancia en mercados volátiles.

Desventajas:

Altos costos por comisiones.

Demanda concentración y rapidez en la toma de decisiones.

Ejemplo práctico: Usar un indicador como el RSI para identificar condiciones de sobrecompra o sobreventa en un gráfico de 1 minuto y entrar en la dirección contraria del movimiento.

Day Trading:

Definición: Consiste en abrir y cerrar todas las operaciones dentro de la misma sesión de trading.

Características:

Se basa en análisis técnico y fundamentales de corto plazo.

Utiliza gráficos intradía (1, 5, 15 minutos).

Ventajas:

Evita el riesgo de mantener posiciones abiertas durante la noche.

Se aprovecha de la volatilidad intradía.

Desventajas:

Requiere monitoreo constante.

Puede generar estrés.

Ejemplo práctico: Usar una estrategia de rupturas en niveles clave de soporte y resistencia en un gráfico de 15 minutos.

Estrategias a Medio y Largo Plazo: Swing Trading y Position Trading

Estas estrategias están orientadas a aprovechar movimientos de mayor duración, desde días hasta meses, y suelen ser menos intensivas en tiempo.

Swing Trading:

Definición: Estrategia que busca capturar movimientos intermedios dentro de una tendencia general.

Características:

Operaciones que duran desde unos días hasta varias semanas.

Se basa en patrones gráficos y niveles de soporte/resistencia.

Ventajas:

Menor necesidad de monitoreo constante.

Aumenta las probabilidades de capturar movimientos significativos.

Desventajas:

Mayor exposición al riesgo por cambios durante la noche.

Requiere más paciencia.

Ejemplo práctico: Usar una combinación de medias móviles para identificar tendencias en un gráfico diario y buscar puntos de entrada tras retrocesos.

Position Trading:

Definición: Estrategia que consiste en mantener posiciones durante semanas, meses o incluso años, siguiendo tendencias macroeconómicas.

Características:

Se enfoca en el análisis fundamental y las tendencias a largo plazo.

Usa gráficos semanales o mensuales.

Ventajas:

Menor estrés por fluctuaciones intradía.

Adecuado para traders con poca disponibilidad de tiempo.

Desventajas:

Requiere mayor capital para soportar movimientos adversos temporales.

Menor frecuencia de operaciones.

Ejemplo práctico: Comprar una acción después de un análisis fundamental que indique un fuerte crecimiento futuro y mantenerla durante varios meses.

Ejemplos Prácticos y Cómo Aplicarlos

1. Estrategia de Scalping con Bandas de Bollinger:

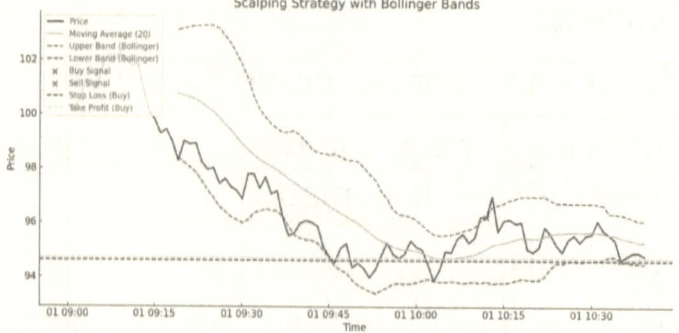

Configuración: Usar un gráfico de 1 minuto con Bandas de Bollinger (periodo 20, desviación 2).

Señal de entrada: Comprar cuando el precio toque la banda inferior y venda cuando toque la banda superior.

Gestón del riesgo: Establecer un stop loss 3 pips por debajo de la entrada y un take profit de 5 pips.

2. Estrategia de Day Trading con Ruptura de Niveles:

Configuración: Identificar niveles de soporte y resistencia en un gráfico de 15 minutos.

Señal de entrada: Entrar en la dirección de la ruptura confirmada por el volumen.

Gestón del riesgo: Usar un ratio riesgo-recompensa de 1:3.

3. Estrategia de Swing Trading con Retrocesos de Fibonacci:

Configuración: Usar gráficos diarios y aplicar retrocesos de Fibonacci en una tendencia clara.

Señal de entrada: Comprar en niveles de retroceso del 50% o 61.8%.

Gestón del riesgo: Colocar un stop loss por debajo del nivel del 78.6%.

4. Estrategia de Position Trading con Análisis Fundamental:

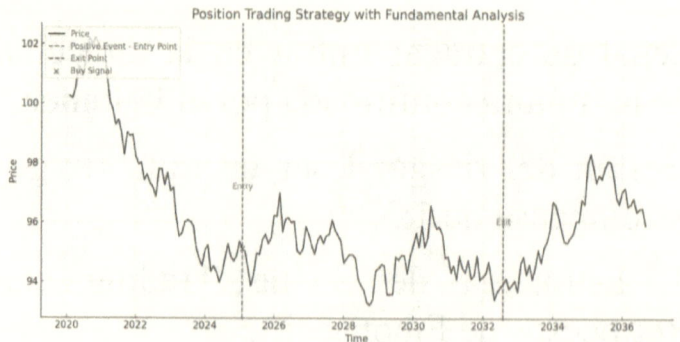

Configuración: Identificar activos subvalorados mediante análisis fundamental.

Señal de entrada: Comprar tras la confirmación de eventos catalizadores positivos (nuevos productos, mejores perspectivas económicas).

Gestón del riesgo: Revisar periódicamente el estado fundamental del activo.

Cada estrategia tiene su lugar según el perfil del trader, los mercados operados y el tiempo disponible. Es esencial practicar primero en cuentas demo y ajustar las técnicas según la experiencia personal.

CAPITULO 8

Herramientas para la Psicología del Trader

Control de Emociones: Miedo, Codicia y Estrés

El control emocional es uno de los aspectos más desafiantes del trading. Las decisiones impulsadas por emociones como el miedo, la codicia o el estrés pueden llevar a errores costosos.

Miedo:

Causa: Suele surgir tras una serie de pérdidas o en mercados volátiles.

Consecuencias:

Cerrar posiciones demasiado pronto.

Evitar entrar en operaciones con alto potencial.

Herramientas para gestionarlo:

Establecer stop loss claros para limitar pérdidas.

Revisar los resultados de tu estrategia para confiar en su eficacia.

Practicar meditación o respiración consciente antes de operar.

Codicia:

Causa: Expectativas poco realistas de obtener grandes ganancias rápidamente.

Consecuencias:

Mantener posiciones abiertas más tiempo del necesario.

Arriesgar más capital del que permite la gestión adecuada del riesgo.

Herramientas para gestionarla:

Establecer take profit en cada operación.

Evaluar el ratio riesgo-recompensa antes de operar.

Recordar que el trading es un maratón, no una carrera de velocidad.

Estrés:

Causa: Exposición constante a la incertidumbre y las fluctuaciones del mercado.

Consecuencias:

Operar impulsivamente.

Dificultad para seguir el plan de trading.

Herramientas para gestionarlo:

Limitar el tiempo frente a las pantallas.

Incorporar descansos regulares en tu jornada de trading.

Realizar actividad física para liberar tensión.

Creación de un Plan de Trading Personal

Un plan de trading claro y detallado actúa como una hoja de ruta, ayudando a los traders a tomar decisiones racionales y reducir la influencia de las emociones.

Componentes Clave de un Plan de Trading:

Objetivos de trading:

Define qué esperas lograr (ejemplo: obtener un 5% mensual de rentabilidad).

Estrategia:

Detalla tus criterios de entrada y salida.

Especifica las herramientas e indicadores que utilizarás.

Gestín del riesgo:

Establece el porcentaje del capital que estás dispuesto a arriesgar por operación.

Define tus niveles de stop loss y take profit.

Condiciones del mercado:

Identifica las condiciones bajo las cuales operarás (tendencias, volatilidad, etc.).

Horarios de trading:

Establece horarios específicos para operar y evita la sobreoperación.

Revisión y análisis:

Lleva un registro de todas tus operaciones.

Analiza resultados para identificar fortalezas y áreas de mejora.

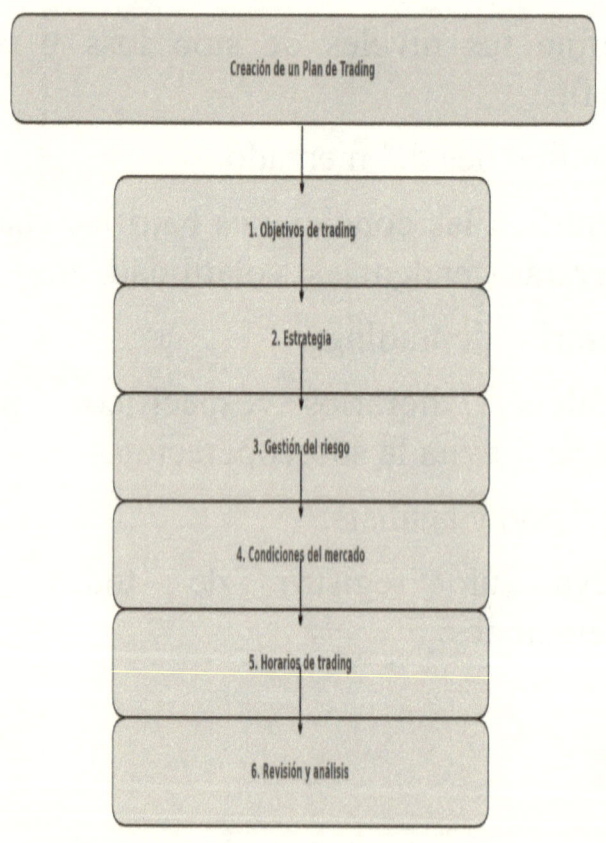

Beneficios de un Plan de Trading:

Reduce la toma de decisiones impulsivas.

Proporciona claridad en momentos de incertidumbre.

Ayuda a evaluar objetivamente tu rendimiento.

Rutinas y Hábitos para la Disciplina

La disciplina es fundamental para mantener la consistencia en el trading. Establecer rutinas y hábitos saludables mejora la toma de decisiones y la capacidad de seguir el plan de trading.

Rutinas Previas al Trading:

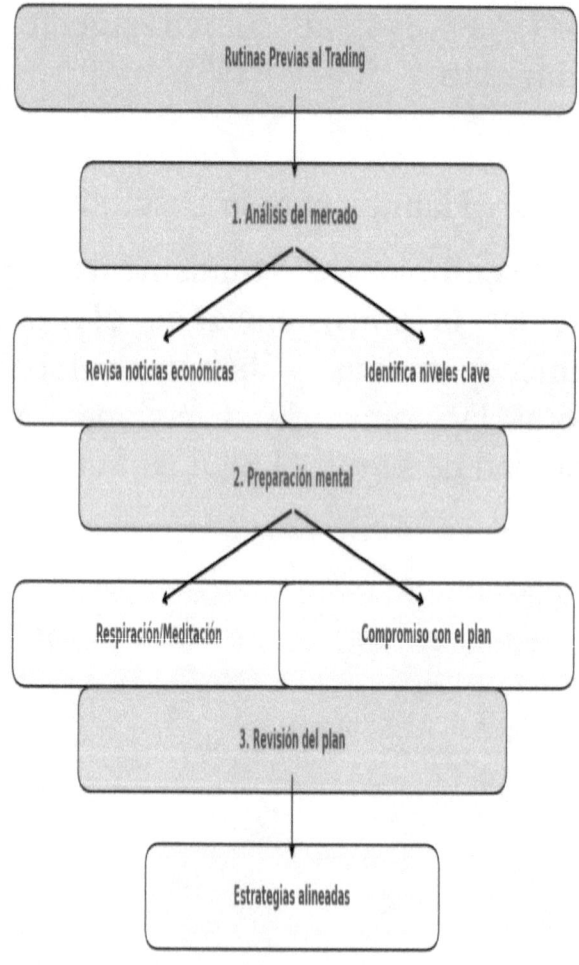

Análisis del mercado:

Revisa las noticias económicas y los eventos del día.

Identifica niveles clave de soporte y resistencia.

Preparación mental:

Practica respiración profunda o meditación para reducir la tensión.

Reafirma tu compromiso con el plan de trading.

Revisión del plan:

Asegúrate de que tus estrategias estén alineadas con las condiciones actuales del mercado.

Hábitos Durante el Trading:

Seguir el plan:

No te desvíes de tus reglas establecidas.

Control del tiempo:

Evita operar más tiempo del necesario.

Define pausas regulares.

Evaluación constante:

Analiza cada operación cerrada en tiempo real para identificar patrones de mejora.

Rutinas Post-Trading:

Registro de operaciones:

Documenta los detalles de cada operación (motivo de entrada, salida, resultados, etc.).

Análisis de rendimiento:

Identifica errores y aciertos.

Ajusta tu estrategia si es necesario.

Desconexión:

Deja de pensar en el mercado una vez finalizada la sesión.

Dedica tiempo a actividades que te relajen y recarguen.

Hábitos Generales para la Disciplina:

Dormir bien y mantener una alimentación equilibrada.

Establecer metas realistas.

Aprender de cada sesión de trading.

La combinación de control emocional, un plan bien estructurado y rutinas disciplinadas creará las bases para un trading consistente y exitoso.

CAPITULO 9

Trading Moderno: Innovación y Tecnología

Inteligencia Artificial y Machine Learning en el Trading

La inteligencia artificial (IA) y el machine learning (ML) han transformado la manera en que los traders analizan los mercados y toman decisiones. Estas tecnologías permiten procesar grandes cantidades de datos y detectar patrones que podrían pasar desapercibidos para los humanos.

Aplicaciones Principales de la IA y el ML en el Trading:

Predicción de tendencias:

Los modelos de Machine Learning analizan datos históricos y actuales para predecir movimientos futuros del mercado.

Ejemplo: Redes neuronales profundas que anticipan cambios en precios basados en patrones históricos.

Análisis de sentimientos:

La IA puede analizar noticias, redes sociales y otros medios para evaluar el sentimiento general del mercado.

Ejemplo: Identificar tendencias alcistas o bajistas a partir de menciones en Twitter.

Optimización de estrategias:

Algoritmos que prueban y ajustan estrategias en tiempo real.

Ejemplo: Un sistema que ajusta los niveles de stop loss y take profit según la volatilidad del mercado.

Ventajas:

Mayor precisión en el análisis.

Reducción de errores humanos.

Capacidad de adaptarse rápidamente a condiciones cambiantes.

Desafíos:

Complejidad en el desarrollo de modelos.

Dependencia de datos de alta calidad.

Riesgo de sobreoptimización (overfitting) en el entrenamiento de modelos.

Bots y Algoritmos: ¿Aliados o Enemigos?

Los bots y algoritmos de trading son programas diseñados para ejecutar operaciones automáticamente según criterios predefinidos. Aunque pueden ser poderosos aliados, también tienen limitaciones que es importante comprender.

Ventajas de los Bots y Algoritmos:

Ejecución rápida:

Operan en milisegundos, aprovechando oportunidades que los humanos no podrían.

Disciplina:

Elimina la influencia de las emociones en las decisiones de trading.

Consistencia:

Siguen estrategias predefinidas sin desviaciones.

Limitaciones y Riesgos:

Errores de programación:

Un código mal diseñado puede generar pérdidas significativas.

Mercados impredecibles:

Los algoritmos pueden fallar en condiciones de alta volatilidad o eventos inesperados.

Dependencia tecnológica:

Problemas en servidores o conectividad pueden afectar el rendimiento.

¿Cómo Maximizar los Beneficios?:

Probar los algoritmos en entornos simulados antes de implementarlos en mercados reales.

Supervisar regularmente el rendimiento del bot.

Combinar la automatización con supervisión humana.

Herramientas de Automatización del Trading

La automatización del trading se ha convertido en una práctica común gracias a herramientas avanzadas que permiten a los traders ejecutar operaciones con eficiencia y precisión.

Plataformas Populares para Automatización:

MetaTrader 4/5:

Permite el uso de Asesores Expertos (EAs) para estrategias automatizadas.

QuantConnect:

Plataforma de código abierto para desarrollar, probar y ejecutar estrategias en diversos mercados.

TradeStation:

Ofrece herramientas de automatización con análisis avanzado.

Tipos de Herramientas Automatizadas:

Sistemas basados en reglas:

Ejecutan órdenes según condiciones predefinidas (ejemplo: cruce de medias móviles).

Trading de alta frecuencia (HFT):

Bots que realizan miles de operaciones en segundos para aprovechar pequeñas discrepancias en precios.

Automatización parcial:

Combina la intervención humana con automatización (ejemplo: sistemas que alertan al trader pero no ejecutan operaciones automáticamente).

Beneficios:

Ahorro de tiempo y esfuerzo.

Reducción de errores operativos.

Acceso a mercados globales 24/7.

Precauciones:

Mantener copias de seguridad de los sistemas.

Monitorear constantemente las operaciones.

Actualizar las herramientas para adaptarlas a cambios en el mercado.

La combinación de innovaciones tecnológicas, como la inteligencia artificial, con herramientas de automatización y bots, está redefiniendo el trading moderno, permitiendo a los traders maximizar oportunidades y minimizar riesgos de manera eficiente.

CAPITULO 10

Cómo Elegir y Crear tus Herramientas

Comparación entre Herramientas Gratuitas y de Pago

En el trading, las herramientas que utilizas pueden marcar una gran diferencia en tu rendimiento. Al elegir entre opciones gratuitas y de pago, es importante entender las ventajas y limitaciones de cada tipo.

Herramientas Gratuitas:

Ventajas:

Costo cero: Perfectas para traders principiantes o con presupuestos ajustados.

Disponibilidad amplia: Muchas plataformas populares como MetaTrader 4/5 ofrecen funcionalidades avanzadas sin costo.

Comunidad activa: Herramientas como TradingView tienen comunidades que comparten análisis y estrategias.

Limitaciones:

Funcionalidades básicas: Suelen carecer de funciones avanzadas como datos en tiempo real detallados.

Publicidad o restricciones: Algunas herramientas gratuitas tienen anuncios o limitan el acceso a ciertas características.

Menor soporte: El soporte técnico puede ser limitado o inexistente.

Herramientas de Pago:

Ventajas:

Datos de alta calidad: Proporcionan datos en tiempo real con mayor precisión.

Funciones avanzadas: Integran algoritmos personalizados, backtesting avanzado y análisis fundamental detallado.

Soporte técnico: Ofrecen atención al cliente rápida y personalizada.

Limitaciones:

Costo elevado: Algunas plataformas tienen tarifas mensuales significativas.

Curva de aprendizaje: Las herramientas avanzadas pueden requerir tiempo para dominar.

Conclusión: La elección entre herramientas gratuitas y de pago depende de tu nivel de experiencia, presupuesto y necesidades específicas. Una combinación de ambas puede ser ideal.

Criterios para Elegir las Herramientas Adecuadas

Seleccionar las herramientas correctas para tu trading es esencial para alcanzar tus objetivos. Considera los siguientes criterios:

Compatibilidad con tu estilo de trading:

Asegúrate de que las herramientas se adapten a tu estrategia, ya sea scalping, swing trading o position trading.

Facilidad de uso:

Busca herramientas con interfaces intuitivas que no requieran demasiado tiempo para aprender.

Funciones ofrecidas:

Verifica si incluyen las funcionalidades que necesitas, como indicadores personalizados, análisis de datos, o integración con APIs.

Calidad de los datos:

Prefiere plataformas que ofrezcan datos confiables y en tiempo real.

Costo:

Evalúa si el costo de una herramienta de pago está justificado por las ventajas que ofrece.

Soporte y actualizaciones:

Prioriza herramientas que reciban actualizaciones regulares y ofrezcan soporte técnico eficiente.

Reputación:

Investiga las opiniones de otros usuarios y las reseñas de la herramienta.

Cómo Construir una Estrategia con Herramientas Combinadas

El uso combinado de herramientas puede potenciar tus resultados en el trading.

Para construir una estrategia efectiva, sigue estos pasos:

Identifica tus necesidades:

Determina los aspectos que deseas mejorar: análisis técnico, gestión del riesgo, automatización, etc.

Selecciona herramientas complementarias:

Combina plataformas que cubran diferentes áreas de tu trading:

Ejemplo: Usar TradingView para análisis gráfico y MetaTrader para ejecución de operaciones.

Integra tus herramientas:

Si es posible, conecta tus herramientas a través de APIs o integraciones nativas.

Prueba tu configuración:

Realiza pruebas en cuentas demo para evaluar la eficacia de la combinación.

Optimiza continuamente:

Ajusta tus herramientas según los resultados obtenidos y las condiciones del mercado.

Ejemplo Práctico:

Usar TradingView para identificar niveles de soporte y resistencia.

Configurar un bot automatizado en MetaTrader 5 para ejecutar operaciones basadas en esas áreas clave.

Utilizar una hoja de cálculo para registrar y analizar el rendimiento de las operaciones.

El trading efectivo no se trata solo de usar herramientas avanzadas, sino de combinarlas de manera estratégica para aprovechar al máximo su potencial.

CAPITULO 11

Estudios de Casos y Ejemplos Reales

Ejemplos de Traders Exitosos y sus Herramientas

El éxito en el trading está estrechamente relacionado con la disciplina, las estrategias bien definidas y el uso de herramientas adecuadas. A continuación, se presentan ejemplos de traders reconocidos y las herramientas que han utilizado:

1. Paul Tudor Jones:

Estrategia: Trading basado en análisis macroeconómico.

Herramientas clave:

Análisis fundamental para identificar tendencias macro.

Datos económicos y software de gráficos para confirmar movimientos del mercado.

Logro destacado: Predijo el colapso del mercado en 1987, conocido como el "Black Monday".

2. Linda Raschke:

Estrategia: Trading a corto plazo combinando análisis técnico y patrones de gráficos.

Herramientas clave:

Gráficos de velas japonesas.

Indicadores como el RSI y medias móviles.

Trading en marcos temporales intradía.

Logro destacado: Reconocida como una de las traders más consistentes en futuros y acciones.

3. Ray Dalio:

Estrategia: Diversificación basada en principios económicos fundamentales.

Herramientas clave:

Modelos algorítmicos para gestionar su fondo de cobertura.

Datos económicos globales para identificar correlaciones entre activos.

Logro destacado: Fundador de Bridgewater Associates, uno de los fondos de cobertura más grandes del mundo.

Cómo Afrontar Mercados Volátiles

La volatilidad es un desafío constante en los mercados financieros, pero también ofrece oportunidades para traders preparados.

Estrategias para Manejar la Volatilidad:

Reducir el tamaño de las posiciones:

Menos exposición reduce el impacto de movimientos bruscos.

Ejemplo: Usar un 50% menos de apalancamiento durante periodos de alta volatilidad.

Usar stops más amplios:

En mercados volátiles, los stops ajustados pueden activarse rápidamente.

Ajustar los niveles de stop loss para evitar cierres innecesarios.

Operar en marcos temporales mayores:

Los gráficos de 4 horas o diarios suelen ser menos afectados por ruido intradía.

Aprovechar estrategias de reversión:

Identificar momentos en que el mercado está sobrecomprado o sobrevendido.

Herramientas: Indicadores como RSI o Bandas de Bollinger.

Diversificar:

Operar en diferentes activos reduce la exposición a la volatilidad de un solo mercado.

Ejemplo Práctico: Durante la pandemia de COVID-19 en 2020, la volatilidad aumentó drásticamente. Los traders exitosos ajustaron sus estrategias para enfocarse en activos refugio como el oro y usaron técnicas de gestión de riesgo estrictas.

Lecciones Aprendidas de Grandes Errores

El aprendizaje a partir de errores es una de las formas más efectivas de crecer como trader. A continuación, se presentan algunos de los errores más comunes y las lecciones que se pueden extraer de ellos:

1. Caso de Nick Leeson:

Error: Exceso de confianza y ocultación de pérdidas.

Consecuencia: Provocó la caída del banco Barings.

Lección:

La gestión del riesgo y la transparencia son fundamentales.

Nunca operar sin controles adecuados.

2. Caso de Long-Term Capital Management (LTCM):

Error: Uso excesivo de apalancamiento basado en modelos matemáticos.

Consecuencia: Colapso del fondo tras eventos inesperados en el mercado.

Lección:

Ningún modelo puede prever todos los eventos.

El apalancamiento debe usarse con moderación.

3. Caso de traders minoristas en 2021 (GameStop):

Error: Operar basándose en especulación y emociones.

Consecuencia: Muchos traders sufrieron grandes pérdidas tras la caída del precio.

Lección:

Evitar operar basado en emociones o "modas" del mercado.

Siempre realizar un análisis profundo antes de entrar.

Conclusión:

El éxito en el trading no solo depende de las estrategias y herramientas, sino también de la capacidad para aprender de los errores propios y ajenos.

CAPITULO 12

Conclusión: Tu Camino como Trader

Resumen de las Herramientas Esenciales

A lo largo de este libro, hemos explorado diversas herramientas y estrategias que pueden ayudarte a desarrollar un enfoque efectivo en el trading. A continuación, recapitulamos las más importantes:

Análisis Técnico:

Indicadores clave como medias móviles, RSI y MACD.

Patrones de velas japonesas y herramientas avanzadas como Fibonacci.

Análisis Fundamental:

Interpretación de informes económicos y eventos globales.

Uso del calendario económico para anticipar movimientos del mercado.

Gestión del Riesgo:

Stop loss, take profit y trailing stop para proteger tu capital.

Diversificación y cálculo del tamaño adecuado de las posiciones.

Psicología del Trader:

Control emocional y creación de un plan de trading disciplinado.

Rutinas y hábitos para mantener la consistencia.

Tecnología en el Trading:

Inteligencia artificial y machine learning para optimizar estrategias.

Uso de bots y algoritmos para automatizar operaciones.

Estas herramientas no solo son la base de un trader exitoso, sino también la guía para navegar mercados complejos con confianza y disciplina.

La Importancia del Aprendizaje Continuo

El trading es un campo dinámico en constante evolución. Lo que funciona hoy puede no ser efectivo mañana debido a los cambios en las condiciones del mercado y la aparición de nuevas tecnologías.

Razones para Seguir Aprendiendo:

Adaptarse a los cambios:

Los mercados evolucionan, y los traders deben mantenerse al día con las tendencias y herramientas emergentes.

Mejorar habilidades:

El aprendizaje constante permite refinar tus estrategias y reducir errores.

Mantener la motivación:

Explorar nuevas áreas del trading mantiene el proceso emocionante y desafiante.

Cómo Incorporar el Aprendizaje Continuo:

Participa en webinars, cursos y talleres.

Lee libros, artículos y publicaciones relevantes.

Forma parte de comunidades de traders para compartir conocimientos y experiencias.

Recuerda que el trading no es solo una actividad técnica, sino también una práctica que requiere desarrollo personal y mental.

Recursos Adicionales para Seguir Mejorando

Para expandir tus conocimientos y habilidades, considera utilizar los siguientes recursos:

Plataformas Educativas:

Babypips: Excelente para aprender los conceptos básicos de Forex.

Investopedia: Una referencia completa para el aprendizaje financiero.

Libros Recomendados:

"Trading for a Living" de Alexander Elder.

"Technical Analysis of the Financial Markets" de John J. Murphy.

"Market Wizards" de Jack D. Schwager.

Herramientas y Software:

TradingView: Análisis técnico avanzado y una comunidad activa.

MetaTrader 4/5: Para practicar y automatizar estrategias.

NinjaTrader: Ideal para traders de futuros y acciones.

Comunidades y Foros:

Reddit (subreddits como r/Forex o r/StockMarket): Discusión de ideas y tendencias.

TradingView Community: Análisis compartidos por otros traders.

Practicar en Cuentas Demo:

Usa cuentas de demostración para experimentar con nuevas estrategias sin arriesgar capital real.

Consejo Final: Tu camino como trader es una combinación de aprendizaje, práctica y adaptación constante. Define tus metas, evalúa tus resultados regularmente y nunca dejes de buscar formas de mejorar. El éxito está al alcance de aquellos que perseveran y evolucionan.

CAPITULO 13

Cotizaciones y Análisis de Mercados

En el mundo del trading, el acceso a información confiable y en tiempo real es crucial para tomar decisiones fundamentadas. A continuación, se describen algunas de las plataformas más utilizadas para el seguimiento de cotizaciones y el análisis de los mercados.

1. Investing.com

https://es.investing.com/

Descripción: Investing.com es una de las plataformas más completas para traders y analistas financieros. Ofrece una amplia variedad de herramientas e información en tiempo real sobre diversos mercados.

Funciones principales:

Información en tiempo real:

Cotizaciones de acciones, divisas, materias primas, índices y criptomonedas.

Gráficos interactivos con indicadores personalizables.

Calendario económico:

Eventos económicos globales con impacto en los mercados.

Alertas configurables para noticias importantes.

Análisis y noticias financieras:

Informes detallados de expertos.

Noticias actualizadas sobre economías y empresas.

Por qué utilizarla:

Ideal para traders que buscan consolidar información de diferentes mercados en un solo lugar.

Acceso gratuito con opciones premium.

---

2. TradingView

https://es.tradingview.com/

Descripción: TradingView es una herramienta potente para el análisis técnico y la colaboración entre traders. Su interfaz basada en la nube permite acceder a gráficos y análisis desde cualquier dispositivo.

Funciones principales:

Herramientas de gráficos avanzadas:

Más de 100 indicadores técnicos.

Diseño intuitivo y opciones de personalización.

Comunidad de traders:

Compartir y seguir ideas y estrategias de otros usuarios.

Acceso a scripts y estrategias personalizadas.

Integraciones:

Compatible con brokers para operar directamente desde la plataforma.

Por qué utilizarla:

Perfecta para traders que valoran el análisis técnico detallado.

Opciones gratuitas con planes premium para funcionalidades avanzadas.

---

3. Yahoo Finance

https://es.finance.yahoo.com/

Descripción: Yahoo Finance es una herramienta clásica para obtener cotizaciones y noticias económicas. Su simplicidad la hace ideal para traders principiantes.

Funciones principales:

Cotizaciones:

Precios en tiempo real de acciones, índices y ETFs.

Información histórica para análisis.

Noticias económicas:

Actualizaciones sobre mercados y empresas.

Informes de tendencias globales.

Seguimiento de carteras:

Monitoreo de inversiones y personalización de listas de observación.

Por qué utilizarla:

Excelente para un seguimiento rápido de mercados y carteras.

Gratuita con opciones para datos premium.

---

4. Bloomberg

https://www.bloomberg.com/

Descripción: Bloomberg es una plataforma líder en información financiera y análisis global. Es ampliamente utilizada por traders profesionales e instituciones.

Funciones principales:

Noticias económicas:

Cobertura detallada de economías, política y mercados.

Análisis de mercados:

Información detallada sobre acciones, bonos, materias primas y más.

Informes estratégicos y opiniones de expertos.

Bloomberg Terminal:

Acceso avanzado a datos y herramientas de trading (servicio premium).

Por qué utilizarla:

Ideal para traders que necesitan información profunda y detallada.

Requiere suscripción para la mayoría de sus funciones avanzadas.

---

5. MarketWatch

https://www.marketwatch.com/

Descripción: MarketWatch es una fuente confiable para noticias financieras, tendencias y análisis de mercados.

Funciones principales:

Noticias financieras:

Actualizaciones constantes sobre movimientos de mercado y economías globales.

Tendencias:

Análisis de sectores específicos y predicciones del mercado.

Herramientas:

Calculadoras financieras y datos históricos para el análisis.

Por qué utilizarla:

Una excelente opción para mantenerse informado sobre los eventos financieros relevantes.

Gratuita con opciones premium.

---

6. Finviz

https://finviz.com/

Descripción: Finviz (Financial Visualizations) es una plataforma enfocada en la visualización y análisis de datos financieros. Es especialmente popular entre traders y analistas por su capacidad para identificar oportunidades de mercado mediante gráficos y herramientas de escaneo avanzadas.

Funciones principales:

Screener:

Filtra acciones en función de criterios técnicos, fundamentales o de sentimiento del mercado.

Ejemplo: Buscar acciones con un RSI bajo o empresas con alto crecimiento en ingresos.

Mapas de calor:

Visualización del rendimiento de sectores y acciones en tiempo real.

Ideal para identificar tendencias macroeconómicas.

Gráficos interactivos:

Herramientas para analizar patrones y datos históricos.

Soporte para indicadores como medias móviles, MACD y RSI.

Noticias y alertas:

Noticias destacadas relacionadas con los activos seleccionados.

Alertas personalizadas para cambios en precios o volúmenes.

Por qué utilizarla:

Excelente para traders que necesitan identificar rápidamente oportunidades mediante escaneos personalizados.

Versión gratuita con opciones premium que ofrecen datos en tiempo real y herramientas avanzadas.

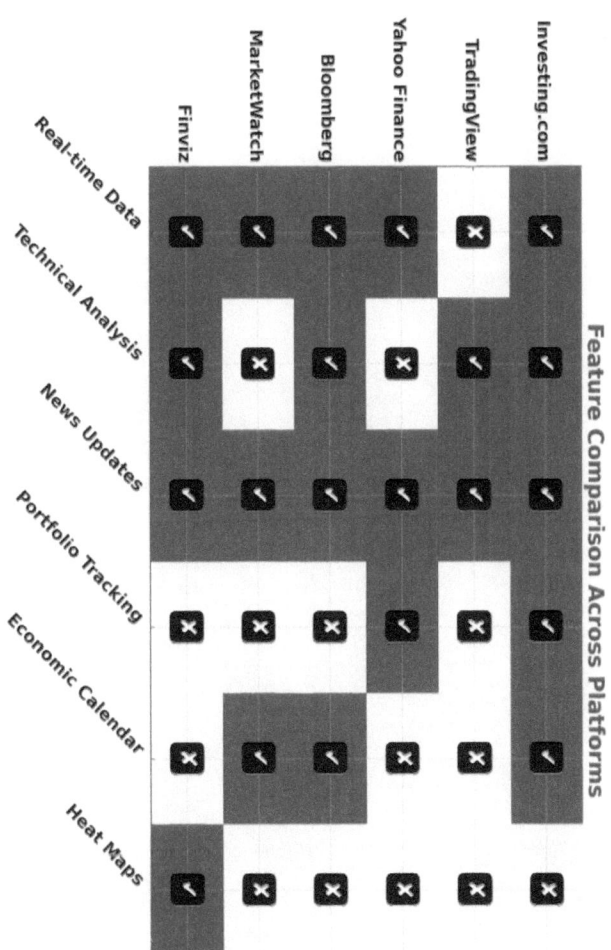

Estas plataformas representan un conjunto completo de herramientas para traders de todos los niveles. Integrar estas fuentes de información en tu rutina de trading te ayudará a tomar decisiones más informadas y precisas.

CAPITULO 14

Estrategias y Educación

El aprendizaje constante es esencial para cualquier trader que aspire a ser exitoso. A continuación, se presentan algunos de los mejores recursos educativos y plataformas para aprender estrategias y análisis de mercado.

---

6. BabyPips

https://www.babypips.com/

Descripción: BabyPips es una plataforma educativa gratuita diseñada para principiantes que desean aprender sobre trading, específicamente en el mercado Forex.

Recursos clave:

Curso de Trading en Forex:

"School of Pipsology" es un curso interactivo y estructurado que cubre desde los conceptos básicos hasta estrategias avanzadas.

Temas como gestión del riesgo, análisis fundamental y técnico.

Estrategias:

Ejemplos de estrategias sencillas y efectivas para principiantes.

Tutoriales sobre cómo combinar indicadores como RSI, medias móviles y MACD.

Herramientas:

Calculadoras de Forex para determinar tamaño de posiciones y ratios de riesgo/recompensa.

Por qué utilizarlo:

Ideal para principiantes que necesitan una introducción clara y gratuita al trading.

Recursos bien organizados y fáciles de seguir.

---

7. DailyFX

https://www.instagram.com/dailyfx_markets/?hl=es

https://es.linkedin.com/company/dailyfx-com?trk=public_profile_experience-item_result-card_image-click

https://x.com/dailyfx

https://www.linkedin.com/company/dailyfx-com

Descripción: DailyFX es una de las plataformas más completas para traders que buscan información actualizada y recursos educativos sobre Forex.

Recursos clave:

Educación sobre Trading:

Cursos y guías gratuitos que cubren temas como análisis técnico, psicología del trader y estrategias de trading.

Análisis de Mercado:

Informes diarios y semanales sobre tendencias y eventos económicos importantes.

Herramientas como gráficos interactivos y noticias económicas en tiempo real.

Estrategias de Forex:

Ejemplos de estrategias específicas para operar durante eventos económicos como reportes de empleo o decisiones de tasas de interés.

Por qué utilizarlo:

Excelente para traders intermedios y avanzados que desean combinar educación con información actualizada del mercado.

Herramientas avanzadas de análisis.

---

8. FXStreet

https://www.fxstreet.es/

Descripción: FXStreet es una plataforma que proporciona noticias, análisis técnico y estrategias relacionadas con el mercado Forex.

Recursos clave:

Noticias Económicas:

Actualizaciones constantes sobre eventos globales que impactan los mercados.

Análisis Técnico:

Estudios detallados sobre patrones gráficos, indicadores y estrategias.

Herramientas como gráficos interactivos y comparadores de pares de divisas.

Estrategias:

Ejemplos de estrategias basadas en soporte y resistencia, retrocesos de Fibonacci y Bandas de Bollinger.

Webinars en vivo con analistas profesionales.

Por qué utilizarlo:

Perfecto para traders que necesitan mantenerse informados y quieren estrategias probadas.

Amplia gama de recursos gratuitos.

---

9. Trading Heroes

https://www.tradingheroes.com/

https://www.learningheroes.com/trading-heroes

Descripción: Trading Heroes es un blog educativo que combina estrategias prácticas con guías para ayudar a traders a mejorar sus resultados.

Recursos clave:

Blog de Estrategias:

Artículos detallados que explican estrategias específicas para diferentes estilos de trading.

Ejemplo: "Cómo usar el análisis de velas para identificar reversiones."

Guías para Traders:

Desde configuración de plataformas hasta selección de brokers.

Material Premium:

Cursos pagos que profundizan en temas como automatización y análisis avanzado.

Por qué utilizarlo:

Ideal para traders que prefieren aprender a través de ejemplos prácticos y análisis detallados.

Contenido bien escrito y aplicable.

Estos recursos representan una mezcla perfecta de educación teórica y práctica. Ya seas un trader principiante o experimentado, las herramientas y estrategias disponibles en estas plataformas te ayudarán a perfeccionar tus habilidades y mejorar tus resultados en los mercados financieros.

CAPITULO 15

Calendarios Económicos

El uso de calendarios económicos es fundamental para traders que desean anticipar movimientos del mercado en función de eventos clave. A continuación, se describen dos de las principales herramientas utilizadas en el trading: Forex Factory y Econoday.

10. Forex Factory

https://www.forexfactory.com/

Descripción: Forex Factory es una plataforma popular entre traders que buscan información detallada y en tiempo real sobre eventos económicos relevantes. Su calendario económico es conocido por ser claro, preciso y fácil de usar.

Funciones principales:

Calendario Económico:

Muestra eventos económicos globales con sus respectivos horarios.

Clasificación por impacto: Baja, media y alta volatilidad esperada.

Incluye indicadores económicos clave como PIB, tasas de interés, empleo, entre otros.

Detalles de los eventos:

Proporciona descripciones detalladas del evento y su impacto potencial en el mercado.

Información sobre el país afectado y el mercado relacionado (acciones, Forex, commodities).

Fácil personalización:

Los usuarios pueden filtrar eventos según su relevancia y enfoque.

Ajustes de zona horaria para sincronizar con la ubicación del trader.

Por qué utilizar Forex Factory:

Ideal para traders intradía que necesitan reaccionar rápidamente a eventos económicos.

Gratuito y accesible desde cualquier dispositivo.

Ejemplo práctico: Un trader que opera EUR/USD puede consultar Forex Factory para verificar cómo las decisiones de tasas del BCE podrían impactar el par y ajustar su estrategia en consecuencia.

---

11. Econoday

https://www.econoday.com/

Descripción: Econoday es un recurso global que ofrece calendarios económicos detallados junto con análisis de expertos. Es una herramienta clave para traders y analistas que buscan comprender los impactos macroeconómicos en los mercados.

Funciones principales:

Calendario Económico Global:

Cubre eventos económicos de países de todo el mundo.

Proporciona datos históricos para comparar con resultados actuales.

Análisis de Eventos:

Explicaciones sobre cómo los eventos podrían afectar los mercados financieros.

Gráficos y tablas para visualizar tendencias económicas.

Boletínes Personalizados:

Envío de actualizaciones relevantes por correo electrónico.

Opciones de suscripción para datos premium.

Por qué utilizar Econoday:

Diseñado para traders que buscan un enfoque más profundo y analítico de los eventos económicos.

Adecuado para aquellos que operan en varios mercados globales.

Ejemplo práctico: Un analista que sigue mercados emergentes puede usar Econoday para identificar el impacto de los datos de inflación en países clave y ajustar su cartera de inversiones.

Conclusión: Forex Factory y Econoday son herramientas complementarias que ofrecen datos esenciales para traders de todos los niveles. Mientras que Forex Factory es ideal para traders que buscan información rápida y clara, Econoday proporciona un análisis profundo que es invaluable para comprender tendencias macroeconómicas. Usar ambas herramientas puede mejorar significativamente tu capacidad para anticipar y reaccionar a los movimientos del mercado.

CAPITULO 16

Comparadores y Reseñas de Brokers

A la hora de elegir un broker, contar con comparadores y reseñas confiables puede marcar la diferencia entre una experiencia de trading exitosa y una frustrante. Las plataformas presentadas en este capítulo ofrecen análisis detallados, comparaciones objetivas y herramientas útiles que te ayudarán a elegir el broker adecuado según tus necesidades.

---

12. BrokerChooser

Comparación detallada de brokers según tus necesidades.

BrokerChooser es una plataforma líder diseñada para facilitar el proceso de selección de brokers. Su mayor fortaleza radica en la capacidad de personalizar las comparaciones en función de los intereses y necesidades del trader.

Características clave de BrokerChooser:

Filtros avanzados: Permite comparar brokers según comisiones, tipos de cuentas, instrumentos financieros disponibles (forex, acciones, CFDs, criptomonedas, etc.) y regulación.

Evaluaciones objetivas: Los brokers se analizan mediante un sistema basado en métricas claras como seguridad, costos de trading, experiencia del usuario y calidad del servicio.

Guías y tutoriales: Proporciona recursos educativos sobre cómo elegir un broker adecuado, junto con explicaciones detalladas de conceptos clave.

Experiencia personalizada: BrokerChooser permite a los traders completar un breve cuestionario sobre sus objetivos, capital y experiencia, ofreciendo recomendaciones personalizadas.

Esta herramienta es ideal tanto para traders principiantes como avanzados que buscan una decisión informada y basada en datos actualizados.

13. TopBrokers

Listado de brokers con análisis y opiniones.

TopBrokers es un portal completo que presenta un listado extenso de brokers, acompañado de análisis exhaustivos y opiniones de usuarios reales. Es una excelente herramienta para comparar opciones y obtener un panorama claro del mercado.

Características clave de TopBrokers:

Análisis detallado: Cada broker cuenta con una reseña completa que incluye aspectos como:

Regulación y nivel de seguridad.

Comisiones y tarifas aplicadas.

Plataformas de trading disponibles (MetaTrader, cTrader, plataformas propias, etc.).

Depósitos mínimos y métodos de retiro.

Valoraciones de usuarios: La plataforma recopila opiniones y calificaciones de traders reales, lo que ofrece una visión imparcial de la experiencia con cada broker.

Listas de clasificación: TopBrokers organiza los brokers en rankings específicos, como:

Los mejores brokers para forex.

Brokers con las comisiones más bajas.

Brokers ideales para trading de criptomonedas.

Noticias y recursos educativos: Además de comparaciones, TopBrokers proporciona actualizaciones del mercado y artículos educativos para mejorar la toma de decisiones.

TopBrokers resulta útil para traders que desean explorar diversas opciones y validar su decisión a través de opiniones y análisis transparentes.

---

14. Myfxbook

Herramientas de análisis de cuentas de trading.
Información sobre brokers y sus condiciones.

Myfxbook es una plataforma ampliamente conocida por sus herramientas avanzadas de análisis de cuentas y su capacidad para verificar el rendimiento de traders de manera transparente. Además, incluye secciones informativas sobre brokers y sus condiciones específicas.

Características clave de Myfxbook:

Análisis avanzado de cuentas:

Permite conectar cuentas de trading en tiempo real para realizar un seguimiento automático del rendimiento.

Métricas detalladas: drawdown, rentabilidad, relación riesgo/beneficio y otros indicadores de desempeño.

Herramientas de comparación de resultados entre traders.

Información sobre brokers:

Myfxbook ofrece una sección exclusiva para comparar brokers, donde se detallan aspectos clave como:

Spreads y comisiones.

Tipos de cuenta (ECN, STP, micro, etc.).

Condiciones de trading como apalancamiento, slippage y velocidad de ejecución.

Los traders pueden compartir sus experiencias con brokers específicos y calificarlos en función de su servicio y fiabilidad.

Comunidad activa:

Myfxbook cuenta con una comunidad global donde los traders pueden interactuar, compartir estrategias y discutir temas relacionados con brokers y trading en general.

Función de copia de trading (social trading): Posibilidad de analizar y copiar las estrategias de traders exitosos.

Calendario económico integrado:

Herramienta adicional que facilita la planificación de operaciones en función de eventos macroeconómicos.

¿Por qué usar Myfxbook? Esta herramienta es imprescindible tanto para el análisis de desempeño personal como para evaluar y seleccionar brokers confiables. La transparencia y profundidad de los datos ofrecidos por Myfxbook permiten tomar decisiones fundamentadas en métricas reales.

Elegir el broker adecuado es un paso fundamental en la carrera de cualquier trader. Herramientas como BrokerChooser, TopBrokers y Myfxbook simplifican este proceso al proporcionar comparaciones detalladas, reseñas imparciales y análisis objetivos. Aprovecha estas plataformas para optimizar tu experiencia de trading y alcanzar tus objetivos con confianza.

CAPITULO 17

Foros y Comunidades

En el mundo del trading, las comunidades y foros especializados son herramientas invaluables que permiten a los traders interactuar, compartir estrategias y aprender de la experiencia colectiva. Estos espacios fomentan el networking y el desarrollo continuo, ayudando tanto a traders principiantes como avanzados a alcanzar nuevos niveles en su desempeño.

---

15. Elite Trader

Comunidad de traders que comparten estrategias y experiencias.

Elite Trader es una de las comunidades más antiguas y respetadas dentro del mundo del trading. Diseñada como un foro abierto para traders de todos los niveles, esta plataforma destaca por la calidad y profundidad de las discusiones que alberga.

Características clave de Elite Trader:

Foros especializados:

Los temas van desde estrategias de trading algorítmico, swing trading, y day trading hasta debates sobre psicología del trading y gestión de riesgos.

Secciones dedicadas a distintos mercados: forex, acciones, opciones, futuros y criptomonedas.

Compartir experiencias reales:

Los miembros comparten sus éxitos y fracasos, creando una fuente de aprendizaje genuino basada en experiencias reales.

Los debates incluyen estudios de casos, operaciones recientes y análisis post-trade.

Red de traders experimentados:

Una gran parte de la comunidad está compuesta por traders profesionales y veteranos, quienes aportan análisis avanzados y consejos basados en años de experiencia.

Sección de herramientas y recursos:

Elite Trader proporciona recomendaciones de software de trading, plataformas de brokers y otros recursos útiles para mejorar el rendimiento.

¿Por qué usar Elite Trader? Esta comunidad es ideal para traders que buscan un espacio donde puedan:

Compartir estrategias con otros expertos.

Aprender de discursos críticos y constructivos.

Ampliar su perspectiva sobre el trading con discusiones bien fundamentadas.

---

16. Trade2Win

Foro para traders con recursos educativos y debates.

Trade2Win es una plataforma global diseñada específicamente para traders que buscan formación, recursos y debates interactivos. Es conocida por ser un punto de encuentro tanto para traders principiantes como avanzados, donde la comunidad se apoya mutuamente para crecer en el mercado financiero.

Características clave de Trade2Win:

Foros de discusión organizados:

Los foros están divididos por temas específicos, como:

Estrategias de trading en forex, acciones y futuros.

Uso de indicadores técnicos y análisis fundamental.

Discusiones sobre plataformas de trading y reseñas de brokers.

Secciones especiales para debates sobre gestión de riesgos y psicología del trading.

Recursos educativos:

Trade2Win ofrece artículos, tutoriales y guías sobre diversos aspectos del trading:

Introducción al trading para principiantes.

Estrategias avanzadas para traders experimentados.

La comunidad comparte libros recomendados, videos y herramientas para la formación continua.

Experiencias compartidas:

Los miembros comparten sus experiencias, permitiendo a otros aprender de sus aciertos y errores.

Se destacan discusiones prácticas sobre:

Errores comunes en trading.

Mejora de hábitos y disciplina para alcanzar la consistencia.

Reseñas y recomendaciones:

Los usuarios suelen debatir sobre plataformas de trading, brokers y herramientas tecnológicas, proporcionando opiniones transparentes y útiles para los demás miembros.

Comunidad global:

Trade2Win cuenta con miembros de todo el mundo, lo que enriquece las discusiones con perspectivas diversas sobre distintos mercados y enfoques de trading.

¿Por qué usar Trade2Win? Trade2Win no solo es una plataforma para debatir, sino también una fuente educativa robusta. Es perfecta para:

Traders que buscan ampliar su conocimiento a través de recursos de calidad.

Aquellos que desean formar parte de una comunidad global para compartir dudas y estrategias.

Principiantes que necesitan una guía clara para comenzar en el trading.

17. BabyPips

Foro y sitio educativo especializado en Forex para principiantes.

BabyPips es una referencia obligatoria para traders principiantes que quieren aprender sobre el mercado forex. Esta plataforma combina contenido educativo gratuito con un foro activo en el que los miembros resuelven dudas, comparten estrategias y brindan apoyo mutuo.

Características clave de BabyPips:

Escuela de Pipsology: Un curso educativo gratuito, estructurado en niveles, que enseña desde conceptos básicos hasta estrategias avanzadas de forex.

Foros de discusión:

Traders principiantes y expertos intercambian ideas, responden preguntas y debaten estrategias.

Secciones específicas para análisis técnico, fundamental y gestión de riesgos.

Herramientas útiles: Calculadoras de trading, guías y plantillas de estrategias.

Comunidad amigable: Un espacio ideal para quienes están comenzando y buscan un ambiente libre de críticas destructivas.

---

18. Forex Factory

Foro con calendario económico y análisis para traders.

Forex Factory es uno de los sitios más populares entre traders de forex, conocido por su foro dinámico, calendario económico en tiempo real y recursos gratuitos para el análisis del mercado.

Características clave de Forex Factory:

Calendario económico: Una herramienta esencial que proporciona eventos macroeconómicos, impacto esperado y resultados en tiempo real.

Foro de traders:

Miles de temas organizados en categorías como estrategias, análisis técnico y fundamental, herramientas de trading y más.

Participación activa de traders experimentados que comparten setups y análisis diarios.

Noticias en tiempo real: Sección dedicada a noticias financieras y de mercado que impactan el trading.

Monitorización de operaciones: Posibilidad de conectar tu cuenta de trading y compartir resultados con la comunidad.

19. MQL5 Community

Foro y mercado para traders algorítmicos.

La comunidad MQL5 es el lugar de referencia para traders que utilizan MetaTrader 4 (MT4) y MetaTrader 5 (MT5). Este sitio es ideal para traders interesados en trading algorítmico, ya que combina foros, herramientas y un mercado de aplicaciones.

Características clave de MQL5 Community:

Foros técnicos y especializados:

Debates sobre programación de Expert Advisors (EAs), indicadores personalizados y optimización de estrategias.

Secciones para resolver problemas técnicos con MetaTrader.

Mercado de EAs e indicadores: Plataforma integrada donde puedes comprar o descargar herramientas automatizadas creadas por otros traders.

Señales de trading: Permite suscribirse a señales automatizadas de traders exitosos.

Tutoriales y documentación: Amplia base de conocimientos sobre programación en MQL4 y MQL5.

20. Reddit (Subreddits de Trading)

Comunidades globales para traders de todos los niveles.

Reddit es una plataforma donde existen subreddits específicos dedicados al trading. Estas comunidades permiten interactuar de manera rápida y sencilla con traders de todo el mundo.

Subreddits destacados:

r/Forex: Foro centrado en trading de divisas. Se comparten estrategias, análisis de pares de divisas y herramientas.

r/Daytrading: Comunidad enfocada en day trading, donde los miembros comparten sus operaciones diarias, resultados y debates sobre psicología y estrategias.

r/AlgoTrading: Para traders interesados en la automatización y trading algorítmico. Se discuten temas de programación y desarrollo de bots.

r/StockMarket: Discusiones sobre el mercado de acciones, análisis técnico y fundamental.

Ventajas de Reddit:

Interacción rápida: Respuestas rápidas y múltiples perspectivas.

Diversidad de temas: Desde análisis de mercado hasta consejos sobre gestión de riesgos.

Anónima y abierta: Los traders pueden compartir sus experiencias de manera libre y sincera.

---

21. Traders Laboratory

Comunidad de traders enfocada en aprendizaje colaborativo.

Traders Laboratory es un foro donde traders comparten ideas, estrategias y herramientas para mejorar su desempeño en los mercados financieros.

Características clave de Traders Laboratory:

Secciones especializadas: Análisis técnico, estrategias de day trading, opciones y futuros.

Análisis colaborativo: Los traders comparten gráficos, setups y resultados de operaciones para su discusión y mejora.

Recursos gratuitos: Guías, artículos y tutoriales sobre temas clave del trading.

Enfoque en la psicología del trading: Sección dedicada a mejorar la mentalidad y disciplina del trader.

22. The Trading Pit

Foro internacional con análisis técnico y debates de estrategias.

The Trading Pit es un espacio interactivo donde traders de todo el mundo comparten análisis en tiempo real y debaten estrategias aplicables a diversos mercados.

Características clave de The Trading Pit:

Análisis en vivo: Publicaciones de setups de trading actualizados y análisis técnico diario.

Debates interactivos: Traders experimentados y principiantes discuten estrategias y operaciones.

Eventos y retos: La comunidad organiza desafíos para incentivar el aprendizaje y la mejora continua.

Conclusión

Participar en foros y comunidades de trading te permite crecer más rápido como trader gracias a la experiencia compartida, el acceso a recursos educativos y la posibilidad de debatir con otros traders. Plataformas como BabyPips, Forex Factory, MQL5 Community y Reddit son herramientas invaluables para aprender, interactuar y mantenerte al día con las tendencias del mercado.

CAPITULO 18

Información General y Noticias

En un entorno financiero tan dinámico como el actual, contar con fuentes confiables y actualizadas de noticias económicas y análisis de mercado es clave para tomar decisiones informadas. Las plataformas que se presentan a continuación son referencias mundiales que combinan información en tiempo real, artículos de análisis y herramientas de apoyo para traders de todos los niveles.

17. CNBC

Noticias económicas y análisis en tiempo real.

CNBC es una de las plataformas de noticias financieras más importantes del mundo. Su cobertura abarca desde mercados globales hasta noticias económicas, análisis y entrevistas con expertos financieros en tiempo real.

Características clave de CNBC:

Cobertura 24/7:

Noticias en vivo sobre los mercados de acciones, forex, commodities y criptomonedas.

Información actualizada sobre indicadores económicos, políticas monetarias y tendencias globales.

Análisis en profundidad:

Secciones con análisis detallados de expertos en temas de inversión y economía.

Entrevistas con CEOs, analistas y figuras clave de los mercados.

Herramientas digitales:

CNBC Pro: Un servicio premium con análisis más avanzados, datos exclusivos y recomendaciones de mercado.

Videos y podcasts: Cobertura visual y auditiva para traders que prefieren aprender a través de estos formatos.

Datos de mercado en tiempo real:

Seguimiento en vivo de índices como el S&P 500, Nasdaq, Dow Jones, y datos sobre divisas, bonos y commodities.

¿Por qué usar CNBC? CNBC es una fuente ideal para traders que buscan estar al tanto de los movimientos globales de los mercados, con análisis y noticias actualizadas al minuto.

18. Reuters

Noticias financieras y de mercado a nivel global.

Reuters es una agencia internacional de noticias reconocida por su precisión y velocidad. Su contenido es fundamental para traders e inversores que necesitan información objetiva y en tiempo real sobre mercados financieros y economía global.

Características clave de Reuters:

Cobertura global:

Noticias sobre los mercados de acciones, forex, bonos, commodities y criptomonedas en todo el mundo.

Reportes en tiempo real sobre cambios en políticas monetarias, eventos macroeconómicos y noticias corporativas.

Análisis y datos:

Reuters proporciona informes detallados sobre la evolución de los mercados y previsiones de crecimiento.

Datos económicos clave como PIB, inflación, tasas de interés y empleo a nivel mundial.

Plataforma de noticias personalizable:

Permite filtrar la información por categorías como mercados, economía, negocios y tecnología.

Herramientas de alerta:

Funciones que notifican eventos importantes en los mercados a medida que ocurren.

¿Por qué usar Reuters?
Su credibilidad y velocidad hacen de

Reuters una herramienta imprescindible para traders que necesitan información global para sus operaciones.

---

19. Seeking Alpha

Artículos de análisis y predicciones de mercado.

Seeking Alpha es una plataforma líder en análisis de mercado, donde expertos y miembros de la comunidad comparten artículos y predicciones basados en investigaciones profundas.

Características clave de Seeking Alpha:

Artículos de análisis:

Publicaciones detalladas que cubren acciones, ETFs, forex, commodities y mercados globales.

Los artículos incluyen predicciones, estrategias de inversión y estudios fundamentales de empresas.

Análisis colaborativo:

Los traders e inversores comparten sus puntos de vista sobre tendencias de mercado.

Posibilidad de interactuar con autores y otros usuarios para debatir ideas.

Herramientas de búsqueda y seguimiento:

Posibilidad de seguir empresas específicas para recibir alertas y análisis personalizados.

Comparaciones entre activos financieros y evaluación de riesgos.

Información exclusiva (Seeking Alpha Premium):

Acceso a informes detallados, predicciones avanzadas y ratings de acciones.

¿Por qué usar Seeking Alpha? Es ideal para traders e inversores que buscan opiniones fundamentadas y predicciones detalladas, respaldadas por investigaciones profundas.

---

20. Finviz

Herramientas de análisis técnico y datos financieros.

Finviz es una herramienta imprescindible para traders que buscan visualizar y analizar datos de mercado de forma eficiente. Su plataforma combina gráficos avanzados, datos financieros y herramientas de screening para encontrar oportunidades de trading.

Características clave de Finviz:

Screeners de acciones:

Herramienta para filtrar acciones según criterios específicos como:

Capitalización bursátil.

Volumen de trading.

Indicadores técnicos (RSI, medias móviles, MACD, etc.).

Ratios fundamentales (P/E, ROE, deuda, etc.).

Gráficos interactivos:

Visualización de patrones de velas, tendencias y soportes/resistencias para realizar análisis técnico.

Mapas de calor (Heat Maps):

Representación visual de los movimientos del mercado, destacando sectores con mayor actividad y rendimiento.

Noticias financieras:

Actualizaciones constantes de noticias relevantes para traders y análisis de mercado.

Datos fundamentales y técnicos:

Información detallada de acciones, incluyendo balances financieros, resultados trimestrales y proyecciones.

¿Por qué usar Finviz? Finviz es una herramienta poderosa y visualmente intuitiva que permite realizar análisis técnico y fundamental de manera rápida y eficiente, ayudando a encontrar oportunidades en el mercado.

Conclusión

Contar con fuentes confiables de noticias y análisis de mercado como CNBC, Reuters, Seeking Alpha y Finviz es crucial para tomar decisiones informadas y oportunas. Estas herramientas no solo mantienen a los traders actualizados, sino que también proporcionan análisis profundos, datos financieros y recursos avanzados que facilitan la identificación de oportunidades y riesgos en los mercados.

APENDICES

Apéndice A: Glosario de términos financieros

En este glosario encontrarás definiciones claras y precisas de los términos financieros y de trading más utilizados. Este recurso te permitirá comprender con facilidad conceptos clave y su aplicación práctica.

Términos clave

Activo: Bien o recurso con valor económico que puede ser poseído o controlado (acciones, bonos, divisas, etc.).

Apalancamiento: Uso de capital prestado para aumentar el potencial de retorno de una inversión. También incrementa el riesgo.

Bear Market: Mercado en tendencia bajista, donde los precios caen de manera prolongada.

Bull Market: Mercado en tendencia alcista, con un aumento sostenido de los precios.

Breakout: Ruptura de un nivel de soporte o resistencia, indicando un posible inicio de una nueva tendencia.

Drawdown: Reducción del capital desde un punto máximo hasta un mínimo debido a pérdidas consecutivas.

Spread: Diferencia entre el precio de compra (bid) y el precio de venta (ask) de un activo.

Stop Loss: Orden automática para cerrar una posición cuando el precio alcanza un nivel predefinido, limitando las pérdidas.

Take Profit: Orden automática para cerrar una posición cuando se alcanza un nivel de ganancia definido.

Volatilidad: Medida de la variación del precio de un activo en un período determinado. A mayor volatilidad, mayor riesgo y oportunidad.

Apéndice B: Recursos recomendados

Libros, plataformas y blogs

La educación constante es clave para el éxito en el trading. A continuación, te proporcionamos una lista curada de libros, plataformas y blogs recomendados para mejorar tus conocimientos y habilidades.

1. Libros recomendados

"Trading en la Zona" – Mark Douglas

Explora la psicología del trading y cómo desarrollar la mentalidad adecuada para operar con consistencia.

"Análisis Técnico de los Mercados Financieros" – John J. Murphy

Guía definitiva sobre análisis técnico, ideal para aprender sobre gráficos, tendencias e indicadores.

"El Nuevo Vivir del Trading" – Dr. Alexander Elder

Combina estrategias prácticas de trading con enfoques de gestión del riesgo y disciplina.

"Market Wizards" – Jack D. Schwager

Entrevistas con algunos de los traders más exitosos del mundo, repletas de lecciones e inspiración.

"El inversor inteligente" – Benjamin Graham

Un clásico sobre análisis fundamental y estrategias de inversión a largo plazo.

2. Plataformas recomendadas

TradingView: Herramienta de gráficos interactivos y análisis técnico con una comunidad global.

MetaTrader 4/5 (MT4/MT5): Plataforma líder para el trading de forex y CFDs, ideal para análisis técnico y automatización.

Investing.com: Plataforma con calendarios económicos, noticias, y herramientas de análisis de mercado.

Finviz: Herramienta poderosa para análisis técnico y fundamental de acciones.

Myfxbook: Plataforma para análisis de rendimiento en cuentas de trading y comparación de brokers.

3. Blogs y sitios web recomendados

BabyPips: Blog educativo con guías y tutoriales para traders principiantes en forex.

DailyFX: Sitio de noticias y análisis diario de forex, con estrategias y eventos clave.

Seeking Alpha: Plataforma de análisis y predicciones de mercado aportados por expertos.

Investopedia: Enciclopedia financiera con definiciones, guías y artículos educativos.

El Blog de Alexander Elder: Recursos sobre psicología del trading y gestión de riesgos.

Apéndice C: Plantillas para tu plan de trading

Un plan de trading es esencial para operar con disciplina y claridad, permitiéndote definir tus objetivos, estrategias y gestión del riesgo. A continuación, te presentamos una plantilla estructurada que puedes personalizar según tus necesidades.

Plantilla para el Plan de Trading

1. Perfil del Trader

Nombre:

Tipo de trader: *(Day trader, swing trader, position trader, etc.)*

Mercados de interés: *(Forex, acciones, futuros, criptomonedas, etc.)*

Capital inicial:

Objetivos de rentabilidad mensual/anual:

2. Estrategia de Trading

Enfoque principal: *(Tendencial, contrarian, scalping, análisis fundamental, etc.)*

Marco temporal: *(5 min, 1 hora, diario, semanal, etc.)*

Criterios de entrada:

¿Qué señales técnicas o fundamentales usarás para abrir una posición?

Ejemplo: *Cruce de medias móviles, rupturas de niveles de soporte/resistencia, patrones de velas, etc.*

Criterios de salida:

Take Profit: Nivel objetivo de ganancia.

Stop Loss: Nivel máximo de pérdida aceptable.

---

3. Gestión del Riesgo

Porcentaje de riesgo por operación: *(Ejemplo: 1-2% del capital total)*

Tamaño de la posición: *(Número de lotes/acciones según el riesgo)*

Relación riesgo/beneficio: *(Ejemplo: 1:2, 1:3)*

Número máximo de operaciones abiertas simultáneamente:

---

4. Análisis y Registro de Operaciones

Fecha:

Activos operados:

Dirección de la operación: *(Compra/Venta)*

Precio de entrada:

Precio de salida:

Resultado: *(Ganancia/Pérdida)*

Notas: ¿Qué aprendiste de esta operación? ¿Se respetaron las reglas del plan?

(Puedes usar herramientas como Excel o software especializado para llevar un registro detallado y analizar tu desempeño).

---

5. Rutina Diaria del Trader

Preparación antes del mercado: *(Análisis de noticias, repaso de niveles clave, revisión de estrategias)*

Horas de operación: *(Inicio y fin de tu jornada de trading)*

Revisión posterior al mercado: *(Evaluación de operaciones realizadas y desempeño diario)*

Notas personales: *(Reflexiones para mejorar la disciplina y la psicología del trading)*

Conclusión de los Apéndices

Estos apéndices adicionales están diseñados para proporcionarte recursos prácticos y educativos que complementen tu desarrollo como trader. Desde un glosario de términos financieros hasta plantillas de trading estructuradas, estas herramientas te ayudarán a mejorar tu organización, conocimiento y ejecución en los mercados financieros.

¡Éxito en todos tus trades y en cada paso de tu camino financiero!

Con gratitud,

Tirso Díaz Díaz

www.ingramcontent.com/pod-product-compliance
Lightning Source LLC
Chambersburg PA
CBHW020424220526
45464CB00002B/562